EXPOSÉ

D'UNE MUSIQUE

UNE, IMITATIVE,

ET PROPRE A CHAQUE SOLEMNITÉ;

Où l'on donne une Differtation fur fes effets, & le Plan d'une Mufique particuliere à la Solemnité de la Pentecôte.

SUITE DE L'ESSAI.

Par M. LE SUEUR,
Maître de Chapelle de l'Eglife de Paris.

A PARIS,

Chez la Veuve HERISSANT, Imprimeur-Libraire,
rue neuve Notre-Dame, à la Croix d'or.

1787.

SUITE DE L'ESSAI
SUR UNE MUSIQUE
UNE, IMITATIVE,
ET PROPRE A CHAQUE SOLEMNITÉ.

Il est nécessaire, pour suivre les plans raisonnés d'une Composition musicale, une, imitative, de connoître les intentions dramatiques du Musicien. C'est pour cette raison qu'il est forcé de les publier, pour l'intelligence du plan raisonné de cette Musique, qui alors ne rend que la pantomime d'une espece de drame dont les situations ne sont point indiquées par le geste, ni par bien d'autres moyens que l'art dramatique emploie, mais seulement par l'ac-

A 2

cent mufical & l'arrangement des paroles.
Si vous ne concevez pas d'abord l'idée d'un
Peintre, vous avez le temps de raifonner &
de la chercher, puifque fon tableau eft
immobile & fixement arrêté fous vos yeux.
Il n'en eft pas de même de la Mufique,
fur-tout quand le Compofiteur s'efforce de
la rendre continuellement imitative. Pendant
que l'Auditeur cherche la fituation, & à
comparer les intentions, les motifs du Chant
& de la Symphonie, le paffage eft déja fait;
le tableau mufical a fui pendant l'exécution, & ne vous laiffe plus le temps, ni
de raifonner, ni de chercher ce qu'il repré-
fente.

Il eft donc utile d'expofer d'abord pourquoi on doit rendre la Mufique d'Eglife
une & *imitative*, & d'expliquer enfuite
comment on la rend telle. Quand le *pour-*
quoi & le *comment* font développés fuffifamment; quand toutes les intentions font
expliquées; quand le tableau mufical &
les fituations fe font d'abord peintes dans
l'imagination, la Mufique alors confomme

l'ouvrage, & agit fur des fens difpofés à l'émotion du plaifir qu'elle procure.

On ne dira pas que le Muficien fait alors comme ce Peintre qu'on dit avoir été obligé d'écrire au bas de fes figures : *C'eft un homme ; c'eft un cheval.* La comparaifon feroit très-fauffe. Ce qui s'applique à un art convient rarement à l'autre : on diroit donc auffi que tout Poëte dramatique eft ce mauvais Peintre, puifqu'il écrit en tête de chaque réplique de fon drame : *Athalie, Abner, le Grand-Prêtre, Jofabet, Joas, &c.* Entendez lire *Athalie* par une feule perfonne ; fi elle n'a pas foin de nommer ceux qui parlent, d'avertir des changemens de fcenes, vous ne devinerez que difficilement l'interlocuteur. La fimilitude entre le Maître de Chapelle & le Poëte eft parfaite ; ils ne font l'un & l'autre qu'indiquer les perfonnages & avertir des fituations.

J'avertis ceux qui fe font amufés à faire imprimer, fous l'apparence de la cenfure, des diatribes fur mes Ouvrages, que je ne leur répondrai point; 1°. parce qu'ils gardent

l'anonyme; 2°. parce que le tempsque je paſ-
ſerois à leur ripoſter, j'aime mieux l'employer
à continuer des travaux qui ont déja paru
agréables au Public. Les idées qui vien-
nent heurter celles qui ſont déja reçues, ne
peuvent jamais proſpérer tranquillement :
elles amenent des combats , multiplient les
contradictions ; je n'ai point aſſez de loiſir
pour me livrer à ce genre d'eſcrime : c'eſt
un exercice auquel je ne me ſens, ni aguerri
par l'uſage , ni porté par caractere. Les
cris qui ſe font le plus entendre , & les
ſophiſmes les plus hardiment prononcés ,
ſont, aux yeux de la multitude , ſouvent
les ſeules , & quelquefois les meilleures
raiſons. C'eſt finalement un métier, qui ,
dégénérant ordinairement en inſultes , exige,
ou trop d'apathie pour les ſouffrir, ou trop
de groſſiéreté pour les repouſſer.

Peut-être l'amour pour l'Art que je
profeſſe ; peut-être même trop d'enthouſiaſme m'ont-ils ſuggéré, dans les parties
qui ont précédé cet Eſſai, quelques expreſ-
ſions exaltées ; peut-être dira-t-on que je

n'ai vu les objets que fous ún afpeĉt qui les dénature ; peut-être dira-t-on que j'ai voulu rendre la Mufique trop puiffante dans fes effets , & qu'elle n'eft pas toujours fufceptible d'imitation : malgré cela , feroit-ce un tort de ma part d'avoir avancé précédemment , & de m'attacher maintenant à prouver , 1°. que l'objet de la Mufique doit toujours être l'imitation ; 2°. que fi la Poéfie & la Peinture , dans bien des cas , font plus puissant que la Mufique ; cette derniere , dans d'autres circonftances , eft plus expreffive que les deux premieres ? 3°. que fi la Mufique ne doit pas donner à la Poéfie un fens qu'elle n'a pas , elle peut du moins la renforcer de beaucoup , & , de mille manieres , le modifier , le détourner même , le changer ? 4°. Que la Mufique , deftinée à être exécutée dans nos Temples , peut être *une* , c'eft-à-dire , former une maffe totale , dont toutes les parties tendront au même but ? 5°. Que la Mufique peut être propre à chaque folemnité , c'eft-à-dire , être compofée de maniere que celle deftinée à être exécutée à telle Fête , ne pourra être en-

A 4.

tendue dans telle autre, fans pécher contre les loix de la convenance?

Nous allons établir ces principes, chacun dans leur ordre.

CHAPITRE PREMIER.

L'objet de la Musique doit toujours être l'imitation.

L'OBJET de la Musique & de tous les autres Arts imitateurs, n'est point la vérité elle-même, mais ce qui approche de cette vérité. La Musique prétend, non au vrai, mais à la vraisemblance, par le moyen d'une suite ordonnée de sons appréciables.

Quelle idée auroit-on d'un Artiste qui jetteroit sur la toile des traits au hasard, des couleurs vives à la vérité, mais qui n'auroient aucune ressemblance avec quelque objet de la nature ? Quelle idée auroit-on du Compositeur qui feroit la même chose ; du Compositeur qui, loin de chercher à imiter & à former une masse musicale dont toutes les parties se tinssent, ne s'attacheroit qu'à produire des chants extraordinaires & des accords bizarres, que n'auroit point encore trouvé le calcul ? Je comparerai ces chants vuides de sens & ces accords sans objet à certains vers de quelques mauvais Poëtes ; qui produisent, tout au plus, un bruit mesuré : je les comparerai à cet Auteur dont parle Séneque, qui, par ses mouvemens & ses contorsions insignifiantes, ne faifoit, tout au plus, que donner figne de vie.

La Mufique peut imiter tous les tons, toutes les inflexions de la nature. Tous les fentimens font auffi de fon reffort, & le cœur humain eft le livre vivant où le Compofiteur doit fans ceffe étudier. Tout mouvement de l'âme, dit Cicéron, a un ton qui lui eft propre. *Omnis motus animi fuum quemdam à naturâ habet fonum.* La Mufique ne fe borne pas à peindre le fentiment; elle imite auffi les fons qui n'ont rien de commun avec lui. Elle peindra le fracas d'une tempête, le chant fimple de la fauvette matinale, le murmure d'un clair ruiffeau, &c. &c. : dans l'un & l'autre cas, le Muficien trouvera toujours fon modele dans la nature.

Mais, dira-t-on, il y a des traits en Mufique, dont on ne peut deviner l'intention jufte, & qu'on ne fauroit expliquer. C'eft une vérité. Mais n'eft-ce pas affez que le cœur en fente parfaitement l'impreffion ? Eft-il d'une néceffité abfolue que l'on puiffe foumettre *à une exacte analyfe tel ou tel fentiment ?* Notre ame, indépendamment du raifonnement exprimé verbalement, a fon raifonnement tacite & particulier. Quand une fois elle a fenti, elle a déja plus que l'intelligence de la chofe. Si la Mufique, dans certains cas, ne fignifie rien, ce n'eft donc point la faute de l'Art, mais bien celle du Compofiteur. Il a beau produire les accords les plus favans, les morceaux les plus fymétriques, les mieux modulés, les mieux contraftés, &c.

ſa Muſique ne pourra être comparée qu'à ces couleurs que l'on verra ſur la palette : elles ſeront
très-éclatantes, mais elles n'offriront aucun tableau.
Je crois non-ſeulement qu'il eſt poſſible, pour
ainſi dire, que la Muſique peigne toujours, mais
encore qu'elle peut, qu'elle doit même, dans bien
des circonſtances, le faire avec la plus grande
énergie. A-t-elle, par exemple, à peindre un tu-
multe de ſentimens qui s'entre-choquent les uns
les autrres, quels moyens n'a-t-elle pas pour faire
ſentir cette eſpece de tempête ? Le déſordre énergique du Compoſiteur, dit Jean-Jacques, peut ſe
porter juſqu'à l'âme de l'Auditeur, & le mettre
même hors de lui. Mais ſi vous n'êtes bouillant
& ſublime, dit encore le même Philoſophe, vous
ne ſerez que baroque & froid. Jettez vos Auditeurs
dans le délire, ou bien gardez-vous d'y tomber ;
car celui qui perd la raiſon n'eſt jamais qu'un in-
ſenſé aux yeux de ceux qui la conſervent. Jean-
Jacques, en donnant ce conſeil judicieux, n'auroit-il pas pu en ajouter un autre qui ſemble devoir accompagner celui-là ? N'auroit-il pas pu dire :
Non-ſeulement gardez-vous de tomber dans le
délire, mais encore prenez garde, pour vouloir
trop exprimer, de ſortir des bornes de l'imitation,
c'eſt-à-dire, de copier, de ſinger la nature, en
voulant imiter le ton déclamatoire par le ton déclamatoire : vos imitations reſſembleroient alors à
celles de cet Auteur qui, pour vouloir trop ex-

primer le sentiment, qui est l'objet de son imitation, ne montre plus que le sien propre : c'est la
figure d'un homme, peinte & appliquée sur sa
propre figure, qui sert alors de toile à son portrait.

Il est nécessaire d'expliquer ici la différence qu'il
y a entre la copie & l'imitation. Il s'en faut bien
que la tâche du Copiste soit la même que celle
de l'Imitateur. L'ouvrage du Copiste est parfaitement semblable à son modele ; celui de l'Imitateur
ne doit qu'en approcher. La production du Copiste
doit ressembler à toutes les parties de son original,
celle de l'Imitateur n'y doit ressembler que dans
certaines parties, c'est-à-dire, dans celles qui,
pour être imitées, n'ont pas besoin de changer les
moyens que son art lui donne. L'un peut faire
prendre sa copie pour l'objet copié ; l'autre ne
doit jamais faire prendre son imitation pour l'objet
imité. Venons aux exemples. Si un Modeleur veut
copier un homme avec de la cire, non-seulement
il en copiera les formes, mais encore il aura recours
à d'autres moyens que la cire : il rendra la couleur
des chairs ; il coloriera les joues, il lui donnera
une barbe & des cheveux véritables ; fera des yeux
d'émail, des dents réelles ; il en coëffera la tête
d'un chapeau tel que nous en avons ; lui donnera
un col, un habillement, une chaussure tels que nous
en portons, & de la même matiere. Sa copie alors

fera reſſemblante dans toutes ſes parties, au point qu'on pourra la prendre pour le vrai. Il n'en eſt pas de même de l'Artiſte imitateur. Qu'un Sculpteur veuille imiter un Héros avec un bloc de marbre, il ne fera pas comme celui qui, pour copier, a employé, non-ſeulement la cire, mais encore les couleurs, le verre, l'émail, l'étoffe, l'ivoire, &c. Il ne pourra employer que le marbre, qui eſt alors la ſeule matiere qu'il s'eſt impoſé de choiſir pour faire ſon imitation. C'eſt à ſon ſeul ciſeau à faire ſortir de cette maſſe, non - ſeulement les formes, qui font ce qu'il doit imiter le plus parfaitement poſſible, mais encore les cheveux, la barbe, les yeux; ce qu'il ne peut rendre qu'imparfaitement. Enfin, c'eſt à ſon ſeul ciſeau à faire ſortir de ce bloc le Héros qu'il s'eſt propoſé d'imiter : quelle différence alors entre les difficultés qu'il aura vaincues & la facilité du Copiſte ! Quelle différence entre le mérite de l'un & celui de l'autre ! Quelle différence enfin entre l'admiration qu'ils excitent !

Un Poëte, au milieu de ſon ouvrage, ne quittera pas non plus la rime, la meſure, l'harmonie du vers, qui font la forme du moyen qu'il a choiſi pour s'emparer de la proſe, ſous prétexte que dans cet endroit ſon objet ne demande point d'élan. Il en eſt de même d'un Orateur qui, au milieu de ſon diſcours, n'abandonnera point la proſe, qui eſt ſon moyen pour ſe ſaiſir de la meſure, de la rime, de l'harmonie des vers, parce que ſon objet, dans cet inftant, demanderoit un ftyle plus élevé.

Si le Lecteur eft maintenant perfuadé de ce qu'on vient de lui expofer, quelle différence mettra-t-il entre un Muficien qui, pour vouloir imiter parfaitement la nature, abandonneroit les facultés intrinfeques de fon art, c'eft-à-dire, imiteroit le fon d'un tambour par le fon d'un tambour, une décharge d'artillerie par une décharge d'artillerie (comme on l'a fait dans l'exécution de plufieurs *Te Deum*), laifferoit le ton mufical pour entrer dans le ton déclamatoire (ce qui arrive auffi quelquefois, du moins dans les exécutans), ou celui qui ne quitteroit jamais fes moyens propres ? Il donnera, je crois, la préférence au dernier. Si un Maître de Chapelle, dans la folemnité de la Pentecôte, veut imiter les vœux ardens des Fondateurs de la nouvelle loi, pour fa propagation, il y devra faire entrer tous les accens, toutes les inflexions déclamatoires de la priere, c'eft-à-dire, qu'il n'imitera point les fons inappréciables par des fons inappréciables, mais il devra les métamorphofer en fons appréciables ou muficaux, qui ne feront qu'imiter les premiers.

Voyons fi la Mufique peut toujours imiter, fans cependant fortir des limites de la nature. Ses bornes font prefcrites, ainfi que celles de tous les Arts imitateurs; fi elle les paffe, elle perd fon prototype: la nature, qui eft fon modele, lui échappe; elle n'a plus de guide, & conféquemment ne peut plus que s'égarer. Suppofons d'abord du génie à un Compofiteur ; je dis du génie, car s'il n'a que de l'efprit, des connoiffances théoriques, de l'érudition, &c., avec tout cela il ne trouvera rien, il n'inventera rien. Les productions enflammées des beaux Arts ne peuvent être que le réfultat, le fruit de notre fenfibilité, de nos fenfations. C'eft notre fenfibilité qui trouve, qui invente, qui crée d'abord ; car, comme l'a fort bien dit Piron,

« La fenfibilité fait tout notre génie » ;

au lieu que notre efprit ne peut qu'arranger, que donner de l'ordre, de la méthode à ce que le génie nous a fait d'abord inventer. Que dis-je, inventer ? Il ne fait que trouver ce qui exifte déja. Il ne donne point l'exiftence à un objet, mais il va feulement le découvrir, dans quelqu'endroit qu'il foit caché. L'Artifte a beau faire des efforts, il a beau monter fur le trépied, s'échauffer, s'enflammer, il ne peut faire entrer dans fon imagination ce qui n'a point d'être ; il ne peut que trouver ce qui en a, il ne peut qu'imiter un modele : & quel eft ce modele ? — *La Nature.* Mais, dira-t-on, fi le Maître de Chapelle veut imiter la voix impofante de l'Eternel fur le mont Sinaï, comment s'y prendra-t-il pour faire cette imitation, fi, par exemple, la folemnité de la Pentecôte le force à rappeller ce grand événement ? A cela on peut faire la réponfe qu'un Poëte latin a faite dans un cas pareil :

Aut famam sequere, aut sibi convenientia finge.

On répondra qu'il peut encore trouver dans ce grand livre de la Nature des modeles qui, en quelque sorte, mettront sa pensée en plein jour. Oui, pour peu qu'il sente, il saura tirer le rideau qui cache l'objet de ses recherches; & au moment où il n'en aura découvert encore qu'une seule partie, déja il se sera écrié : « Voilà, voilà l'objet que je » cherche » ; & quoique cet objet ne se soit jamais présenté à lui, il dira, dans son transport : « Oui, » voilà l'objet que la Nature me cachoit; je le » vois, je le reconnois, je le sens ». Après cela ce n'est pas assez que l'Artiste l'ait reconnu, il saut encore qu'il le fasse reconnoître aux autres; car la Nature a beau être abondante, prodigue pour lui, s'il ne sait se faire comprendre, son idiôme ne sera plus qu'une langue étrangere dont on ne lui tiendra aucun compte.

On dira qu'il est impossible que la Musique imite toujours, puisque l'on met en musique les mêmes paroles de cent manieres différentes: A cela on peut répondre qu'il y a un nombre de retranchemens dans la Nature où notre œil pénetre, mais qu'il y en a aussi où nous n'avons pas encore atteint. Pourquoi ne point croire à cette Nature lorsqu'elle nous donne l'avertissement secret qu'une chose lui est conforme? *Id est maximè naturale quod fieri Natura optimè patitur.* Citons un exemple qui peut, je

crois, répondre encore mieux à cette objeĉion.
Qu'un Peintre faſſe ſortir de la toile le portrait d'un
homme quèlconque, en le prenant en face ; qu'un
autre le peigne de profil ; que l'un enfin le peigne
dans une attitude & l'autre dans une attitude
contraire, tous ces Artiſtes qui, pour imiter le même
objet, auront pris chacun une route différente,
pourront être arrivés cependant à la même fin, &
leurs ouvrages être parfaitement reſſemblans à la
Nature.

La Muſique détourne les objets qui exiſtent dans
l'univers, pour les faire revivre dans des endroits où
la main de la Nature ne les avoit point placés :
par ſa meſure accélérée ou retenue, par ſes tons
aigus ou graves, par un orcheſtre véhément ou
tranquille, elle fera tomber la grêle, groſſir les
torrens, ramenera le calme, & fera ſentir une fraîcheur analogue à celle qu'il fait éprouver ; enfin,
par toute l'agitation des *forté*, des *piano*, par ſes
différentes inflexions, par ſon rhythme marqué, vif
ou lent, par ſes accens pathétiques ou gais, elle
prêtera à un perſonnage feint tous les ſentimens
dont le cœur humain eſt ſuſceptible ; elle fera entendre, par ſon organe, les cris de la douleur,
ceux de la joie ; elle fera ſentir les caraĉteres de la
fierté, de la foibleſſe ; elle donnera l'idée de la
mélancolie, elle fera même éprouver le ſentiment
d'une ſombre triſteſſe ; elle imprimera une crainte
religieuſe ; un moment après, elle raſſurera par le

B

fentiment de l'efpérance. Ce font fur-tout ces deux
dernieres fenfations que le Maître de Chapelle devra prêter aux perfonnages cenfés les Difciples du
Rédempteur, lorfque, raffemblés dans le Cénacle,
le jour de la Pentecôte, ils adreffent leurs vœux
au ciel, d'où il part, un moment après, un fouffle
impétueux & inattendu qui les remplit d'une crainte
remplacée bientôt par l'efpérance, à la vue de ce
Dieu confolateur qui vient ranimer leur courage &
les remplir de ce feu divin fous la forme duquel
il vient de fe repofer fur leurs têtes. On voit que la
Mufique ne fait ici que détourner les fentimens qu'ont
éprouvés les perfonnages véritables, pour les prêter
à des perfonnages fuppofés. Elle prend donc ce qui
exifte dans un endroit pour le placer dans un autre ;
elle a cela de commun avec les autres Arts imitateurs. La Poéfie ne fe nourrit que de fictions, que
d'images, c'eft-à-dire, d'objets factices pris dans un
endroit & rapportés dans un autre. Quels objets,
éxiftans déja dans la Nature, la Peinture ne peut-
elle pas faire naître fur la toile ! combien de maffes
informes l'ifle de Paros n'a-t-elle pas vu arracher
de fes entrailles, que d'habiles Sculpteurs ont fu
métamorphofer en monarques, en divinités !

Si la Mufique ne produit que de vaines fadaifes
fonores, des caprices, des phrafes qui fe fuivront
fans intention ; fi la Peinture ne produit que des
couleurs qui n'auront point d'affortiment ; fi la toile
ne fait voir que des objets fi mal imités qu'on ne

puiſſe les deviner ; ſi la Poéſie, au lieu d'offrir un poëme, ne raconte qu'une hiſtoire, juſques-là ces trois Arts ne pourront être admis dans la claſſe des Arts imitateurs. Mais ſi la Muſique nous fait éprouver tous les ſentimens qu'elle aura deſſein de nous inſpirer ; ſi la Peinture nous fait reconnoître bien diſtinctement les objets qu'elle imite ; ſi la Poéſie, au lieu de nous raconter ſéchement, par exemple, les querelles de Philippe avec les Athéniens, feint des ſujets de diſcorde, ſuppoſe des harangues, ourdit des trames adroites, & fait retrouver clairement les caracteres que l'on ſait être ceux du pere d'Alexandre & des Athéniens, on ne pourra s'empêcher de reconnoître ces trois Arts imitateurs ; mais eſt-il toujours vrai de dire que tout y eſt de pure ſuppoſition, que tout y eſt idéal, que rien n'y eſt vrai, mais que tout y eſt l'imitation du vrai.

Le Compoſiteur doit donc non-ſeulement toujours chercher à imiter, mais encore à n'imiter, autant qu'il peut, que la belle Nature. Il doit ſe rappeller ſans ceſſe ce que fit ce célebre Peintre de l'ancienne Grece, en faiſant ſortir de la toile une beauté qui ne pouvoit exiſter dans la Nature, vu la perfection que ſon pinceau a ſu lui donner. Ce grand Artiſte n'a pu trouver ſon modele dans un ſeul objet, mais il a raſſemblé dans un même cadre les traits les plus réguliers de diverſes beautés : ſon ouvrage ne reſſembloit à la Nature que par les détails, ou plutôt ne reſſembloit qu'à la Nature perfectionnée. Juvenal vouloit parler de cette belle Nature, lorſque, pour donner l'idée d'une tempête affreuſe, il ne croit pas pouvoir mieux ſe faire entendre qu'en la nommant *tempête poétique*.

. . . . *Omnia fiunt*
Talia, tam graviter, ſi quando poëtica ſurgit
Tempeſtas. Sat. XII.

Quand l'un de nos plus célebres Poëtes (Moliere) deſſina le tableau de ſon Tartufe, il ne put trouver que par partie ſon modele dans la Nature. A cet effet, il raſſembla dans un même cadre les différens traits épars de ce caractere odieux. Il prit dans une perſonne la fauſſe dévotion ; dans une autre, la méchanceté unie à l'hypocriſie ; dans une autre, le *decorum* d'honnête homme qui laiſſe échapper une noire fourberie ; dans une autre, l'éloignement du bien voilé ſous le maſque, ſous le manteau de la religion ; dans une autre, une haine ſourde, cachée ſous l'écorce de la douceur, pour un homme dont il ne reçoit que des honnêtetés, &c. Le Poëte en a formé un caractere unique, qui ne peut être la vérité (car le Tartufe peut-il exiſter ?) mais qui ſeulement eſt la reſſemblance de la vérité. Ces deux comparaiſons s'appliquent facilement à l'Art muſical : il doit toujours raſſembler les plus beaux traits épars, les inflexions les plus imitatives qu'il pourra trouver dans l'expreſſion de chaque individu ſenſible, pour en former une maſſe totale dont il ne réfultera point l'expreffion particuliere d'un feul être, mais l'expreffion générale de l'humanité. La Mufique alors ne reffemblera à la Nature que par partie, ou plutôt ne reffemblera qu'à la Nature embellie, perfectionnée. Le Compofiteur faura parvenir à fon but pour peu qu'il foit pourvu de cette obéiffance de fes efprits, qui, au premier fignal, fait le pénétrer d'un mouvement divin, & lui échauffer l'âme de cette efpece d'agitation brûlante qui s'appelle enthoufiafme ou fureur poétique, dont l'impreffion poignante & impétueufe l'éleve tant au - deffus d'elle - même, en doublant toutes fes facultés, qu'elle la rende capable d'enfanter ces ouvrages immortels où elle femble avoir dérobé un rayon à la divinité; femblable à ce courfier enflammé qui, dans la chaleur de la courfe, franchit toutes les barrieres qui l'arrêteroient s'il étoit de fang-froid.

L'imitation, d'ailleurs, nous eft tellement une chofe naturelle, que le plaifir qu'elle produit eft déja fenfible dans l'âge le plus tendre, puifque les enfans, dont l'imagination eft difficile à fixer, prêtent cependant une oreille attentive aux récits fabuleux. La fatisfaction intime que caufe notre perfpicacité eft remarquable dans chacun de nous lorfque, fans le fecours d'autrui, nous reconnoiffons l'original d'une imitation. Ariftote remarque très-bien que fi un Artifte, par une fuppofition métaphyfique, pouvoit entreprendre de faire l'imitation d'un modele dont le fpéctateur n'auroit conçu précédemment aucune idée, la fenfation qu'on pourroit éprouver, en confidérant fa production, ne pourroit réfulter que de la maniere dont il auroit fu marier fes couleurs & les fondre enfemble ; enfin elle ne pourroit être produite que par quelqu'autre moyen de la Peinture, & non par l'imitation. Lequel de ces deux moyens cependant produit un plaifir plus vrai, plus convenable à notre raifon ? n'eft - ce pas le dernier ? n'eft-ce pas l'imitation ? Le Muficien aura donc toujours raifon de chercher à imiter, au lieu de n'employer que des traits infignifians qui ne s'attireroient les fuffrages que par la maniere adroite dont ils feroient difpofés, & par les difficultés vaincues de la part des exécutans. Concluons donc que l'objet de la Mufique doit toujours être l'imitation.

CHAPITRE SECOND.

Si la Poéfie & la Peinture , dans bien des cas, font plus puiffantes que la Mufique, cette derniere, dans d'autres circonflances, eft plus expreffive que les deux premieres.

LA Poéfie n'eft que la parole réduite en art. Il en eft de même de la Mufique; elle n'eft que le ton déclamatoire réduit en art. Il s'agit de favoir lequel va le premier à l'âme, de la parole fans tons, fans inflexions, ou du ton, des inflexions elles-mêmes fans paroles.

La parole ne fait que nommer, expofer le fentiment ; le ton exprime le fentiment même ; le ton nous le fait éprouver, le fait paffer en nous. La parole fe fait entendre dans un pays & non dans l'autre, puifque les langues changent. Le ton fe fait entendre dans tous les pays, le ton eft le langage univerfel. Si je veux me faire entendre d'un fauvage, ce ne fera pas avec la langue françoife, fur-tout fi je n'y mets ni ton, ni inflexion; il ne m'entendroit pas. Que ferai-je alors, fi je ne fais point fa langue ? Je ne lui ferai entendre que des tons déclamatoires, & il me comprendra en quelque forte : fi je fuis en colere, il verra bien, par mon ton renforcé, véhément, qui paffera rapidement du grave à l'aigu & de l'aigu au grave, que je le menace ; je lui infpirerai de la crainte, de la terreur ; il devinera ma colere : fi, au contraire, je veux lui laiffer entrevoir des fentimens favorables, des fentimens de bonté, il comprendra, à mon ton doux & tranquille, que je ne fuis point courroucé, il fentira même un mouvement fecret de reconnoiffance pour l'amitié dont il apperçoit les marques dans mes inflexions ; au lieu que fi je fais abftraction du moindre fon, s'il ne voit que remuer mes levres, fi ma langue ne marmotte que des paroles qu'il ne comprend pas, quoiqu'elles nomment tous les mots énergiques qui expofent le plus affreux courroux, il n'en fera point ému, il me regardera d'un air tranquille, en un mot il ne me devinera point ; & reftera dans une parfaite fécurité, parce que ces paroles étrangeres, dénuées de tons, d'inflexions, ne lui feront rien fentir : fi je veux lui montrer des fentimens gais ou d'amitié par les mêmes moyens, il ne me comprendra pas davantage, & le remuement de mes levres, tel mot amical que je lui prononce ne lui fera rien éprouver.

La Peinture applique fur la toile les fignes des paffions, & dans une feule fituation ; la Mufique en fait entendre les accens, & les accens fucceffifs. Lequel de ces deux moyens a plutôt trouvé le chemin de notre ame ?

Si la Poéfie tire fouvent les plus grands effets de
cette efpece d'harmonie artificielle, qu'on appelle
imitative, & qui n'eft qu'empruntée de la Mufique ,
quels effets, dans le même cas, ne peut point produire celle-ci, qui, alors aidée de toutes les voix &
d'un orcheftre immenfe, a bien plus de moyens
que l'autre, qui n'a, pour imiter par l'harmonie,
que la prononciation forte ou douce, précipitée ou
retenue, que le feul fon de la voix du Lecteur.
Jettons les yeux fur plufieurs vers de Virgile, fur
ceux-ci, par exemple :

> *Continuò ventis furgentibus aut freta ponti*
> *Incipiunt agitata tumefcere , & aridus altis*
> *Montibus audiri fragor , aut refonantia longè*
> *Littora mifceri , & nemorum increbrefcere murmur.*

le Poëte y raconte , y décrit fupérieurement la
fureur de la mer foulevée par les vents, & dont les
mugiffemens formidables vont porter la frayeur
jufques fur les plus hautes montagnes : il y décrit
d'une maniere non moins pittorefque les clameurs
confondues de ces rivages qui fe répondent au loin ,
& vont réveiller les échos des forêts les plus filen-
cieufes. On y trouve auffi cette harmonie artificielle ,
imitative , réfultante de la fréquente répétition des *r*
& des *s*, de la mefure des vers, de leur fcandaifon,
du ton & de la prononciation du Lecteur. Mais en
nous retranchant à cette derniere partie de la Poéfie,
la Mufique, par fa mefure, par fon rhythme préci-

pité ou ralenti, par ses tons graves ou aigus, par
ses contrastes, par ses effets fortement prononcés
& foudroyans, ne seroit-elle pas, dans ce cas, plus
puissante, plus poignante ? ne seroit-elle pas sentir
d'une maniere bien plus forte cette harmonie artificielle, imitative ? Qu'un Compositeur mette en
musique les quatre vers cités ci-dessus; s'il peut
sentir ces émotions secretes, qui ne sont que les
interpretes de la nature, alors il ne racontera point,
il ne décrira point, il tonnera; vous croirez entendre, pour ainsi dire, les mugissemens même de
cet océan irrité; il portera dans votre ame cette
terreur muette que vous éprouveriez au spectacle
que décrit Virgile; alors, de lecteur affecté, vous
deviendriez spectateur effrayé.

Prenons un autre exemple : jettons les yeux sur
ces vers d'Horace :

Quâ pinus ingens , albaque populus
Umbram hospitalem consociare amant
Ramis, & obliquo laborat
Limpha fugax trepidare rivo.

le Poëte y décrit très-bien, & comme on ne le fera
peut-être jamais, ce clair ruisseau dont l'onde trem-
blante se promene lentement dans un lit tortueux
& sous ces arbres toufus qui aiment à marier leur
ombre *hospitaliere*. A l'aide des *A* fréquens, de la
prononciation, du ton, de la scandaison du Lecteur, on y découvre même cette harmonie artifi-

cielle, imitative. Le Compositeur ne décrira point
le cours de ce ruiſſeau ſinueux, mais il le rendra
comme préſent, vous fera entendre, pour ainſi
dire, ſon murmure, vous fera ſentir une fraîcheur
pareille à celle que vous éprouveriez ſous ces arbres
que la main de la Nature ſemble avoir entrelaſſés
pour ſervir de toit à cette onde lympide & tranſ-
parente où va ſe réfléchir leur feuillage épais : vous
croirez être tranſporté, ſi l'on peut s'exprimer ainſi,
ſous ces berceaux champêtres, & repoſer au bruit
du gazouillement paiſible de ce ruiſſeau vagabond,
qui ſemblera promener ſon cryſtal à vos côtés.

Si un Muſicien veut mettre en muſique ces vers
latins que l'on chante dans nos Temples le jour
de la Pentecôte :

Inter ſulphurei fulgura turbinis,
Flammarumque globos & ſonitum tubæ,
Antiquam veteri, monte Sinâ ſuper,
Legem das populo, Deus.

il ne décrira point les feux, le tonnerre qui accompagnoient l'Eternel ſur le mont Sinaï ; il devra
imiter, &, pour ainſi dire, faire entendre ce tonnerre qui doit porter dans les âmes une terreur
analogue à celle qu'éprouverent les Iſraélites devant
un ſpectacle ſi impoſant.

Je ne peux mieux rendre mon idée, qu'en com-
parant les paroles ſuſceptibles d'une Muſique imitative à une belle perſonne dont les traits nobles
& réguliers, la taille majeſtueuſe & impoſante

vous forceront à dire : *Voilà le plus bel ouvrage de la nature.* Voyez enfuite cette même perfonne, revêtue d'ornemens qui feront reffortir ces grands traits, cette taille pleine de nobleffe, vous vous écrierez : *Voilà le chef-d'œuvre des graces.* Et moi, je dirai : *Voilà des paroles fignifiantes, revêtues d'une Mufique imitative.*

Malgré les preuves que j'ai apportées plus bas fur la puiffance de la Mufique, on ne me foup-çonnera point d'époufer le fentiment de ceux qui voudroient prétendre qu'elle doit avoir la prééminence, ou fur la Peinture, qui la furpaffe à fon tour dans bien des points, ou fur la Poéfie, qui la furpaffe encore plus fouvent. Non, je ne fuis point de l'avis de ceux qui voudroient confondre tous les Beaux-Arts dans la république des Belles-Lettres. Qu'on établiffe même cette république, on faura toujours fe fouvenir que celles qui font les mieux ordonnées élifent quelqu'un pour tenir le fceptre de la prééminence & de l'autorité. Si, dans un drame où tous les Beaux-Arts concourent enfemble, & forment une efpece de ce corps ré-publicain, un d'eux doit avoir la prééminence, fera-ce la Mufique ? Qu'elle fe charge en ce cas du choix du fujet, de l'expofition, du nœud, du dénouement, de toutes les idées, de toutes les penfées, & qu'elle ne laiffe à la Poéfie que la tâche fervile de mettre les chairs au fquelette qu'elle aura produit. Si elle ne peut s'en charger ; fi elle

ne peut s'emparer que de ce qui eft la fcience des
fons, la peinture des fentimens indiqués par les
paroles, l'imitation des accens déclamatoires, des
bruits phyfiques ; qu'elle remette donc le fceptre
à la Poéfie : autrement on aura toujours droit de
la traiter de *républicaine rebelle* : car on ne perfuadera jamais que les ornemens, les habillemens
doivent s'attirer plus de confidération que la perfonne, quoiqu'il y en ait bien qui s'y laiffent
prendre.

A propos d'habillemens, il eft bon de remarquer
ici que la Mufique doit d'autant moins prétendre à
la primauté fur la Poéfie, que celle - ci doit au
contraire fe montrer fouveraine ; c'eft-à-dire, que
la premiere, malgré fa richeffe, ne doit jamais
étouffer la feconde, & qu'au lieu d'en cacher,
d'en mafquer la beauté par trop d'atours, elle doit
au contraire chercher à la relever encore davantage & à la mettre dans une entiere évidence.
Le Compofiteur doit donc fe modeler fur ces
Sculpteurs célebres, qui ont toujours eu foin de
laiffer deviner ce qu'ils appellent le *nud* à travers
les richeffes de leurs draperies.

Cependant eft-il toujours vrai de dire, d'après
ce que nous avons fuffifamment prouvé, que fi la
Peinture & la Poéfie, dans bien des cas, font
plus puiffantes que la Mufique, cette derniere,
dans d'autres circonftances, eft plus expreffive que
les deux premieres.

CHAPITRE TROISIEME.

*La Musique peut, non-seulement renforcer
de beaucoup le sens des paroles unies avec
elles, mais encore, dans bien des circonstances, le modifier de mille manieres, le
détourner, même le changer.*

Voyons si la Musique peut renforcer de beaucoup le sens des paroles unies avec elles. Venons
tout de suite aux preuves, ou plutôt aux exemples
qui peuvent bien en servir. Prenez une piece de
Poésie énergique. Ouvrez *Crebillon;* lisez sa tirade
des fureurs d'Oreste. En sentez-vous toute la beauté,
toute la force, tout le feu ? enfin, éprouvez - vous
toute l'énergie des remords qui déchirent le mal-
heureux Oreste ? — *Oui.* — Hé bien, avouez
maintenant qu'en lisant des yeux ces vers, vous
vous en êtes figuré le ton, les accens, les inflexions
qui sont vraiment le langage de l'âme, non la
langue de convention de chaque peuple en particulier, mais la langue de la Nature.

Poursuivons. Lisez ces vers de *Racine,* où Cly-

temneſtre reproche à Agamemnon le deſſein d'im-
moler ſa fille :

> » Un Prêtre , environné d'une foule cruelle ,
> » Porteroit ſur ma fille une main criminelle ,
> » Déchireroit ſon ſein , & , d'un œil curieux ,
> » Dans ſon cœur palpitant conſulteroit les dieux ! . .
> » &c. »

Vous trouverez cette tirade très-belle ; vous y
trouverez le ſentiment très-bien énoncé , très-bien
décrit : mais écoutez prononcer cet endroit avec
le ton qui lui eſt propre ; entendez-en la déclama-
tion vraie , naturelle , énergique : quel nouveau
feu , qnelle nouvelle chaleur , quelle nouvelle vie
n'y trouverez-vous pas ? Ce qui vous avoit d'abord
fait plaiſir , affeçté même , ne vous émeut-il pas ,
ne vous tranſporte - t - il pas hors de vous ? Ne
croyez-vous pas maintenant entendre les accens
même de cette mere éplorée ? Ne liſez-vous pas
dans ſon cœur tous les ſentimens qui s'entre-choquent ? Ses inflexions douloureuſes ne vont - elles
pas retentir juſqu'au fond de votre ame ? Ses
larmes enfin ne ſont-elles pas payées par les vôtres ?
Voilà l'effet du *ton*.

Le *ton* (autrement la Muſique) a donc une
puiſſance plus étendue , plus générale , dans certains cas , que la parole.

Voyons maintenant ſi la Muſique ne peut pas
même , dans bien des circonſtances , modifier de

mille manieres le fens de la Poéfie, le détourner, même le changer.

Un *Kyrie* eft toujours un *Kyrie*, dira-t-on, & on ne voit pas comment on peut lui donner un autre fens. Voyons fi cela eft, & venons à l'exemple fur-le-champ. Si un Maître de Chapelle revêt les *Kyrie* d'une Mufique convenable, d'un chant fupplicatoire ; il n'aura pas, jufques-là, détourné le fens, & l'enfemble de fon morceau dira avec énergie : *Seigneur, ayez pitié de nous*, & il ne dira que cela. Si, voulant rendre cet air du *Kyrie* propre à la folemnité de la Pentecôte, & réveiller l'idée des événemens que la Religion retrace ce jour-là dans nos temples, il fait d'abord entendre ce morceau pathétique, qu'il mettra dans la bouche des difciples du Rédempteur ; fi, après l'avoir fait exécuter en entier, il le recommence, pour, au bout de quelques mefures, faire entendre deffous, & par l'organe d'un Chœur fourd & religieux, le plain-chant de tradition du *Veni, creator Spiritus*, qu'il adoptera fur les paroles, *Kyrie, eleifon*, & que le peuple fait par cœur, ne peut-on pas dire, ne peut-on pas même affurer, en quelque forte, que le fens général de cette maffe de Mufique fera : *Seigneur, ayez pitié de nous*, venez, Efprit créateur, *venez, écoutez nos vœux ardens, ayez pitié de nous, ayez pitié de nous.*

Puifque le peuple fait par cœur le plain-chant de tradition du *Veni, Creator*, il devra fe rappeler auſſi-tôt des paroles, ou plutôt du *ſens* des paroles, comme on ſe reſſouviendroit tout de ſuite des paroles d'un air connu, en l'entendant jouer par quelque inſtrument. Quoique Virgile ait dit dans un endroit :

Numeros memini, ſi verba tenerem,

ne pourroit-on pas dire auſſi, en dérangeant le vers, *Memini verba, ſi numeros tenerem ?* L'air du *Kyrie* dont je viens de parler, & qu'on aura d'abord entendu ſeul & dans une partie ſupérieure, formera facilement le premier plan du tableau, tandis que le Chœur ſourd, chanté par l'organe des parties graves, & qui entrera deſſous cet air, en formera le fond. Le premier ſens du *Kyrie* ſera donc modifié, détourné, pour ainſi dire, & même changé.

Remontons, pour un moment, au principe de l'Art. N'y a-t-il pas encore une infinité de circonſtances où le *ton* peut modifier le ſens des paroles ? Si quelqu'un vous adreſſant en face quelque invective, vous lui répondez avec un ton ironique, *Je vous ſuis obligé,* ce quelqu'un ſentira fort bien par votre ton, qu'il doit entendre un ſens tout-à-fait contraire à vos paroles. Qu'un pere mécontent, aigri par une faute de la part de ſon fils, lui faſſe des reproches ſanglans, & termine ſa harangue bruyante par lui dire, avec un ton de colere & véhément : *Recommencez, Monſieur !* On n'aura pas befoin de faire des explications au fils, pour lui faire fentir fur-le-champ que le ton du pere change ici le fens des paroles, & que ce confeil énergique : *Recommencez, Monfieur !* veut dire : *Ne recommencez pas.* Concluons donc que le ton (autrement la Mufique) , peut, non-feulement renforcer de beaucoup le fens des paroles, lui en donner même davantage, mais encore, dans bien des circonftances, le modifier de mille manieres, le détourher, même le changer.

CHAPITRE QUATRIEME.

La Muſique, deſtinée à être exécutée dans nos Temples, peut être une, c'eſt-à-dire, former une maſſe totale, dont les parties compoſées dans les mêmes vues, tendront au même but.

LE Muſicien ſe ſouviendra que le ton général d'une ſolemnité ne doit pas être celui d'une autre ; que le ton général, par exemple, de la Fête de Noël, doit être celui de la reconnoiſſance ; que le ton général de Pâque doit être celui d'une gaieté héroïque ; que le ton général de la Pentecôte doit être celui de l'enthouſiaſme ; que le ton général de l'Aſſomption doit être celui d'une gaieté douce. En outre, il n'emploiera que des morceaux à grands traits, parce que la Muſique, exécutée dans une vaſte enceinte, ne doit former que de grandes maſſes ; autrement on feroit mieux de la *ſupprimer* dans nos temples, où tout doit reſpirer la majeſté ſainte, où l'on ne dôit par conſéquent entendre qu'une Muſique grande, majeſtueuſe, impofante. Il s'enfuit que le Maître de Chapelle doit condamner, en homme de goût, l'ufage trop fréquent des airs qu'on appelle de *bravoure*, autrement des airs à roulades. Ils ne font d'ailleurs en général que l'effort de la Mufique qui tâche de fe fouftraire à l'empire des paroles, qu'elle devroit toujours refpecter.

On ne perfuadera pas que l'Art s'occupe alors des fituations, des fentimens analogues à la Fête, des caracteres, en un mot, de la raifon. En faifant parade de fes propres richeffes, à l'aide de quelques gofiers imitateurs des *violons* & des *roffignols*, elle caufe un plaifir qui ne prend fa fource que dans l'étonnement, & n'obtient que les applaudiffemens qu'on ne peut équitablement refufer à celui qui, faifant des tours de force, parvient, par fon adreffe, à furpaffer la commune attente.

Nous allons tâcher d'expliquer les moyens de parvenir à l'*unité* qui eft notre objet.

Le Maître de Chapelle a-t-il à compofer, par exemple, une meffe pour le jour de la Pentecôte? Quel événement principal la Religion cherche-t-elle, ce jour-là, à rappeller aux Chrétiens raffemblés dans le temple? n'eft-ce pas la defcente de l'Efprit Saint fur les Difciples du Rédempteur, qui devoient publier l'Evangile? Le Muficien devra donc prendre garde alors que l'endroit qui peint cet événement, foit le morceau le plus apparent, le plus en jour, le morceau qui ait le plus de re-

lief de toute la Mufique de cette Meffe. Il tâ-
chera, en un mot, que cet endroit faffe l'effet
que la principale figure fait dans un tableau. C'eft
pourquoi non-feulement il travaillera à ce que
les autres morceaux foient moins faillans, moins
en évidence que celui-ci, c'eft-à-dire, à ce qu'ils
ne foient, fi l'on peut parler ainfi, que les figures
du fecond ordre; mais encore il devra faire fes
efforts pour tout rapporter à ce morceau principal. Il devra tâcher que les autres concourent de
tous leurs moyens à en faire reffortir l'effet, &
ne brillent eux-mêmes que d'un éclat emprunté de
celui-ci.

Afin de parvenir à ne faire retentir la Mufique
de ce jour que de l'objet de la folemnité, ne
peut-on pas, par l'arrangement des paroles &
des chants facrés de tradition ou plain-chants,
difpofer par ordre les circonftances qui précèdent,
accompagnent & fuivent l'événement où les Difciples font éclairés de l'Efprit Saint pour la fon-
dation de la nouvelle Loi ? Par ce moyen le Muficien ne peut-il pas établir une efpece d'ordre
dramatique, ou s'il ne s'aftreint pas à l'unité de
temps ni de *lieu*, il fuivra du moins, outre l'u-
nité de maffes muficales, l'unité d'*action* dans les
paroles, par la maniere dont elles feront ordonnées & mifes en Mufique.

D'ailleurs s'il étoit permis à un Muficien de ré-
clamer contre cette unité de *temps* & de *lieu*, qu'il

eſt difficile d'obſerver ſtrictement en ſuivant l'ordre des événemens que doit retracer cette ſolemnité, il diroit, malgré tous les commentaires, que peut-être le Philoſophe vénérable ſur l'autorité duquel on les appuie, Ariſtote, n'a point parlé rigoureuſement de l'unité de *temps*, ni de *lieu*, comme néceſſaire dans tout ce qui porte le nom de piece dramatique.

Il eſt vrai que tous les chef-d'œuvres modernes ont rendu ces deux dernieres unités reſpectables. Les plus célèbres Poëtes exiſtans les ont auſſi preſque toujours ſuivies, & par-là ont achevé de les conſacrer. Mais il n'en faut pas moins convenir que le Légiſlateur du drame ne les a point toutes également recommandées, il ne s'eſt étendu que ſur l'unité d'*action*. Pluſieurs grands hommes ont ſoutenu, ont écrit que les Défenſeurs de l'infaillibilité d'Ariſtote avoient détourné le ſens du paſſage où il en parle.

D'autres Commentateurs ne veulent pas même donner à une action l'eſpace du cours diurne du ſoleil; ils vont juſqu'à prétendre que le temps de cette action, ſuppoſée par le Poëte, ne doit point excéder d'un ſeul inſtant celui de la repréſentation; & cela, diſent-ils, pour ne point pécher contre les loix de l'*imitation*. Le Pere de la poéſie dramatique, que l'on peut regarder en même temps comme un Légiſlateur en ce genre, *Eſchile* a-t-il prétendu garder l'unité de temps, lorſqu'au commencement de fon *Agamemnon*, il place une troupe de foldats fur une tour d'Argos qui eft le lieu de la fcène? ces mêmes foldats apprennent au public fpectateur qu'ils font poftés fur ce lieu élevé, afin de découvrir les feux qu'on doit allumer de montagnes en montagnes depuis la ville de Troye, pour avertir fur le champ Clitemneftre de la prife de cette Ville. La garde, un inftant après, apperçoit les fignaux, voit le feu, defcend de la tour, court en avertir Clitemneftre, & prefque l'inftant après le Roi d'Argos arrive. L'*unité* de temps eft-elle obfervée dans cette piece? Cette fuppofition cependant de la part des Commentateurs a fait naître encore un autre précepte, celui de l'unité de lieu reftrainte à un feul local repréfentant, ou un cabinet, ou une chambre, ou un portique, ou une place publique, ou quelqu'autre lieu immuable pendant tout le cours du drame; *unité* qui n'eft prefcrite, ni même nommée par Ariftote, ni Horace, ni aucun Maître de l'antiquité. Le même *Efchile* a-t-il prétendu garder l'*unité* de lieu lorfqu'au commencement de fes *Euménides* il fait trouver Orefte à Delphes dans le temple d'Apollon, & que l'inftant après on le voit à Athènes où le drame fe dénoue?

On dira que l'imitation, pour être vraiment telle, doit toujours marcher à côté de la vraifemblance; mais ce que plufieurs Commentateurs ont entendu par *vraifemblance* dans les beaux Arts,

C

ne la détruit-elle pas? Ils ont avancé mainte fois qu'elle devoit ſtriĉtement reſſembler à la vérité. Dans ce cas, ce ne ſeroit plus le *vraiſemblable*, ce ſeroit 'la vérité elle-même ; & le ſpeĉtateur, qui chercheroit à goûter le plaiſir qu'on reſſent à conſidérer l'adreſſe avec laquelle une choſe vraie eſt imitée par une choſe fauſſe , n'éprouveroit d'autres ſenſations que celles que l'on a à voir une vérité. Allons à l'exemple. Vous n'éprouverez au-cun plaiſir en voyant au naturel des animaux fé-roces & hideux, des perſonnes mourantes , des cadavres; & ces mêmes objets , qui alors vous font inſupportables, vous font le plus grand plaiſir au moyen d'une imitation merveilleuſe.

» Il n'eſt point de ſerpent, ni de monſtre odieux
« Qui , par l'Art imité, ne puiſſe plaire aux yeux.

En outre, pourquoi frémiſſons-nous d'horreur, quand nous ſommes ſpeĉtateurs d'un véritable aſſaſſi-nat, & éprouvons-nous des ſenſations agréables à le voir imité , repréſenté? C'eſt que le cadre du ta-bleau laiſſe toujours entrevoir que le malheur n'eſt point réel, & qu'alors nous nous livrons avec ſé-curité & ſans remords au plaiſir que produit la reſſemblance. Voilà auſſi pourquoi dans deux imi-tations , l'une tragique, l'autre comique, la pre-miere nous cauſe ordinairement encore plus de ſenſations agréables que la ſeconde : nous pleu-rons alors avec plus de plaiſir que nous ne rions,

parce que, dans le tableau comique, le plaisir
ne vient que de la seule imitation, au lieu que
dans le tableau tragique il est produit non-seulement par l'imitation, mais encore par la sûreté
où nous sommes que les calamités que nous voyons
ne sont point réelles.

L'Artiste qui imite & qui connoît bien la méta-
physique de son Art, ne sortira jamais des bornes
de l'*imitation* pour vouloir montrer la *vérité*. Il
manqueroit son but qu'il atteindra au contraire en
donnant seulement à la matiere, dont il se sert,
toute la ressemblance dont elle est susceptible.
C'est pour cela que la matiere, qui est le moins
susceptible d'imiter un autre objet de la nature,
peut cependant le faire avec succès, pourvu que
l'Artiste n'omette aucun des moyens qu'il peut trouver dans cette matiere pour avoir de la ressemblance avec une autre : & on auroit tort alors d'y
chercher le vrai au lieu du vraisemblable. Ayons
recours aux comparaisons, car rien comme elles,
je crois, ne fixe l'attention sur la ligne du vrai.
Qu'un Artificier, par les moyens propres à son Art,
imite très-bien une nappe d'eau ; dira-t-on que,
pour être plus vrai, son feu imitateur doit mouiller ?
Si un Fontainier imite des langues de feu par le
moyen de l'eau ; ne seroit-ce pas une folie d'exi-
ger que cet Artiste, pour imiter davantage *le vrai*,
chauffât son eau imitatrice ? Convenons donc que
les Arts doivent s'en tenir à l'imitation simple *du*

vrai, & non pas chercher à rendre la vérité elle-
même. Convenons qu'on pourroit peut-être ne pas
s'attacher ſtrictement aux regles de l'unité de *lieu*
& de *temps* (qui deviennent bonnes cependant
quand le ſujet permet de les obſerver) & qu'il
ſeroit poſſible en quelque ſorte de s'en tenir à
l'unité d'action, ſur-tout dans les productions de
l'Art qui ne ſont que deſtinées à rappeller dans
nos temples l'objet d'une ſolemnité ; puiſque, même
dans des pieces qui peuvent prétendre à être miſes
au rang des véritables drames, pluſieurs Auteurs
l'ont fait avec ſuccès. Convenons que *l'unité* d'action,
à laquelle le Maître de Chapelle parviendra par
l'arrangement de ſes paroles miſes en Muſique ;
& *l'unité* d'objet jointe à *l'unité* muſicale, pourront ſuffir, dans ſes productions, pour atteindre,
autant qu'il eſt poſſible, à la reſſemblance du *vrai*.
La Muſique, deſtinée à être exécutée dans nos
temples, peut donc être *une*, c'eſt-a-dire former
une *maſſe totale* dont les parties compoſées dans
les mêmes vues tendront au même but.

CHAPITRE CINQUIEME.

La Musique peut être propre à chaque solemnité, c'est-à-dire, être composée de maniere que celle destinée à être exécutée à telle fête ne pourra être entendue dans telle autre, sans pécher contre les loix de la convenance.

LES chants de Noël ne peuvent être entendus le jour de Pâque, ceux du jour de Pâque ne peuvent convenir à la Pentecôte, comme ceux de la Pentecôte ne vont point à l'Affomption, vu que les paroles qu'ils rappellent décrivent des événemens oppofés.

Que le Maître de Chapelle emploie par ordre, dans fes Meffes, ces airs facrés de tradition, autrement ces plain-chants, de maniere à former, à l'aide de l'arrangement des paroles, une hiftoire fuivie d'un grand événement que le Peuple vient fe rappeller dans le Temple à certains jours ; les convenances feront choquées fi les Fideles, venant dans un autre jour pour fe rappeller un autre événement, ils y entendent cependant ces mêmes airs facrés qui auront déja rappellé tout autre chofe, tandis qu'il feroit, pour ainfi dire, néceffaire qu'ils devinaffent la folemnité par la Mufique qui la caractérife.

Si, par exemple, dans le *Laudamus te* du *Gloria in excelfis* de la Meffe de Noël, que le Muficien mettra dans la bouche des Bergers allans à la crêche, il fait entendre fous fon chant, comme dans le fond du tableau, l'air: *Où s'en vont ces gais Bergers*, &c. ce morceau pourra-t-il s'exécuter dans le *Gloria in excelfis* de Pâque ? Ne faudra-t-il pas, au contraire, y adapter une autre Mufique analogue à ce jour, c'eft-à-dire, une Mufique établie fur un fond qui faffe entendre un chant pafchal, dont les paroles, connues & rappellées par ce chant de tradition, décriront une partie de l'événement que cette folemnité doit retracer ? Si, au lieu de l'*O falutaris hoftia*, le Maître de Chapelle fait entendre, au moment de l'Elévation du jour de la Pentecôte, une priere adreffée au Rédempteur, dont il aura choifi, arrangé les paroles, & dans laquelle les Chrétiens formeront des vœux ardens pour que l'affemblée qu'il a choifie foit toujours éclairée du flambeau de *l'Efprit-Saint*, ce Motet, revêtu d'une Mufique analogue à ce jour, & imitative, conviendra-t-il à une autre fête, comme à celle où la Religion rappelle la defcente de l'Efprit confolateur ?

Si, pendant le *Domine falvum fac Regem* de la même Meffe, auquel il joint une Mufique fupplicatoire, il fait entendre un chœur fourd & religieux, adapté fur des paroles dont le fens fera : « Grand » Dieu ! donne en ce jour, à celui qui nous conduit, » la profondeur de ta fageffe ; permets que, tou- » jours éclairé par ton *Efprit-Saint*, il nait jamais » à redouter les incurfions de fes ennemis », ce morceau conviendra-t-il à une autre folemnité ?

Si pendant le *Quoniam tu folus fanctus, tu folus Dominus, tu folus altiffimus,* &c. du *Gloria in excelfis* de la même fête, qui fera un *Quatuor dia-logué* (cenfé chanté par les Difciples du Rédemp-teur, au milieu de la place publique de Jérufalem, où fe trouvent toutes fortes d'étrangers) qui devra peindre le tranfport de ces perfonnages enflammés de l'Efprit divin, qui devra être plein de cet en-thoufiafme dont ces perfonnages font remplis en chantant dans ce moment les grandeurs de Dieu, *magnalia Domini ;* fi pendant ce *Quatuor,* dis-je, on fait entendre un chœur *à parte,* admiratif, prefque effacé dans le tableau, cenfé dans la bouche des étrangers, autrement des gentils, & dont les paroles font : *Audivimus eos loquentes, noftris lin-guis, magnalia Domini:* « Quoi !... nous les en- » tendons publier les merveilles de Dieu chacun » dans notre langue » ! enfuite fi, les Apôtres con-tinuant de chanter : *Quoniam tu folus fanctus, tu folus Dominus, tu folus altiffimus,* &c., les étran-gers reconnoiffent le vrai Dieu à ces merveilles, & s'écrient alors avec explofion : *Domine Deus,*

Rex celeſtis, *Deus pater omnipotens* ; *Domine, fili unigenite*, *Jeſu Chriſte* ; *Domine Deus*, *agnus Dei*, *qui tollis peccata mundi*, *miſerere nobis* (paroles priſes dans le *Gloria in excelſis*): « Oui, Dieu » tout-puiſſant, vous êtes le ſouverain des cieux ; » nous vous rèconnoiſſons pour le véritable Créa- » teur : Seigneur Dieu, fils unique, agneau de » Dieu, vous qui pardonnez aux erreurs des foibles » humains, ayez pitié de nous, qui vous recon- » noiſſons maintenant pour le véritable objet de » nos adorations » ; enfin ſi la multitude & les étrangers ſe joignent aux envoyés du Très-Haut pour chanter d'une commune voix, & au bruit des fanfares & des trompettes : *Quoniam tu ſolus al- tiſſimus, cum ſancto Spiritu in gloria Dei patris ;* ce morceau ne pourra être entendu dans un autre jour comme dans la ſolemnité de la Pentecôte, où l'on doit rappeller l'établiſſement de l'Egliſe.

Si, au lieu de faire entendre, immédiatement après le *Regina* de la veille de Pâque, un Motet qui n'aura nul rapport à la fête, c'eſt-à-dire, ou un *Dixit*, ou un *Laudate*, ou un *Super flumina*, ou un *Te Deum*, le Muſicien choiſit, pour en compoſer ſon Motet, tous les traits des Hiſtoriens ſacrés, qui décrivent la Réſurrection de maniere à en former une hiſtoire de cet événement ; s'il orne ce Motet d'une Muſique qui retrace toutes les cir- conſtances de l'objet de la ſolemnité actuelle ; ſi cette Muſique rend les différens caracteres des personnages qu'il y aura introduits ; si elle imite la commotion de la terre au moment où le Rédempteur sort du tombeau, &c., si elle est enfin totalement analogue aux paroles de ce Motet, cette piece musicale ne pourra certainement pas convenir à une autre fête.

Ce Motet ne pourra-t-il pas être une espece d'oratoire ? Il est vrai que le Musicien ne pourra être dramatique par-tout, & qu'il sera forcé de n'être qu'historien dans les endroits qui ameneront les morceaux de situation, parce que ne lui étant pas permis de composer les paroles lui-même, il ne pourra que choisir & rassembler les traits des livres saints qui parlent de son objet. Mais il sera toujours vrai de dire que cette espece d'oratoire décrira par ordre toutes les circonstances de l'objet de la solemnité.

Enfin, si, dans la même Fête de Pâque, au moment révéré où le Créateur de ce vaste univers semble obéir à la voix de ses Ministres, ou plutôt de s'obéir à lui-même, & descendre sur les autels sacrés, le Compositeur fait précéder la priere qu'on y chante ordinairement, de ces paroles impératives (prises de la Prose du jour, & accompagnées du plain-chant de tradition) *Victima paschali laudes, immolent Christiani*. « Chrétiens, prosternez-vous, rendez vos hommages » à la victime paschale » ; enfin, si, après un long silence, il fait entrer un Chœur religieux sur ces paroles : *O falutaris Hoftia !* ce tableau pourra-t-il fe montrer dans une autre Fête ?

Concluons donc que la Mufique peut être propre à chaque folemnité, c'eft-à-dire, être compofée de maniere que celle deftinée à être exécutée à telle Fête, ne pourra être entendue dans telle autre, fans pécher contre les loix de la convenance.

Il ne s'agit point de favoir fi j'ai rempli mon objet dans mes Compofitions muficales ; mais fi c'eft celui que je dois chercher à perfectionner par de nouveaux efforts.

Ce feroit à une plume plus favante que la mienne à mieux développer ces idées. Je ne me trompe pas au point de me faire croire que mes foibles productions, jufqu'à préfent, aient atteint tout-à-fait le but que je me fuis propofé. L'idée que j'ai conçue de la Mufique eft au-deffus de celles que j'ai compofées jufqu'ici.

Qualem nequeo monftrare, & fentio tantùm.

Juv.

PLAN
DE LA MUSIQUE
Exécutée à la Messe du jour de la Pentecôte.

Apparuerunt illis dispertitæ linguæ, tanquàm ignis.
» L'Esprit saint descendit sur chacun d'eux en forme
» de langues de feu ».

PREMIERE PARTIE.

---

*Évènemens qui précedent la Descente
de l'Esprit saint.*

LE Musicien se propose, dans l'Ouverture, de
réveiller l'idée du tonnerre, des éclairs, & de

D

l'appareil imposant qui accompagnoient la Descente de l'Eternel, lorsqu'il dicta à Moïse, sur le mont Sina, la Loi des Israëlites, qui étoit la figure de celle des Chrétiens. A cet effet, on devra faire entendre, pendant l'Ouverture, le Récit de Moïse qui peint ce grand événement.

OUVERTURE.

Nota. Dira-t-on que cette Ouverture est une espece de Motet, court à la vérité, placé auparavant le Sacrifice de la Messe ? D'abord, si c'en étoit un, je dirois qu'on en a souvent placé pendant le Sacrifice même, comme à l'Offertoire, à l'Elévation, à la Post-communion. Et quels étoient ces Motets ? Des pieces qui n'avoient nul rapport à la fête actuelle. Pourquoi ne seroit-il pas permis d'en placer un avant le Sacrifice qui rappellât la loi ancienne donnée sur le mont Sina, en mémoire de laquelle les Juifs se rassembloient dans le Temple le jour de la Pentecôte ? Cette loi étoit la figure de la nôtre, donnée par les Disciples du Rédempteur, d'après ses préceptes & les lumieres divines dont ils furent éclairés ce jour, selon sa promesse, par la descente de l'Esprit saint. Mais ce n'est point un Motet.

On a de tout temps fait entendre à volonté une Ouverture avant les *Kyrie.* Cela reçu, on a voulu donner, à celle qui précede la Messe de la Pentecôte, un motif, un objet d'imitation propre à la fête. Pour y parvenir, on l'a fait accompagner d'une voix qui ne chante point, mais qui ne fait que nommer en récitatif ce que l'orchestre s'efforce de peindre. Les paroles récitées ne seront, si l'on peut s'expliquer ainfi, que le fujet écrit au bas du tableau que fait l'orcheftre, autrement l'Ouverture.

Mais, dira-t-on, « on n'attend point d'Ouverture en » ce moment; on attend les *Kyrie* ». D'abord, il faut fe fouvenir que les *Kyrie* chantés doivent commencer, autant qu'on le peut, à l'inftant où le Miniftre les dit à l'autel. Enfuite nous répondrons, 1°. que c'eft parce que l'on ne s'attend point à cette Ouverture, qu'elle devra être fufceptible de plus d'effet encore ; 2°. que dans ces grandes folemnités, le Miniftre ne s'approchant ordinairement des faints auteis qu'après l'*Introït* (vu que les *Kyrie* étoient toujours de longue durée), il fera plus convenable que fa marche vers le Sanctuaire foit accompagnée de la Mufique, qui peindra le grand événement où l'Eternel donna fa loi fur le mont Sina, & que les *Kyrie* chantés, devenans plus courts, commencent au moment des *Kyrie* récités par le Prêtre.

Traduction libre.

RÉCITATIF
de BASSE-TAILLE
pendant l'Ouverture.

« Le troifieme jour étoit arrivé, & l'aurore commençoit à éclairer l'horifon : tout-à-coup on entend des tonnerres épouvantables ; les éclairs fe fuccedent & brillent au milieu d'une épaiffe nuit, dont la nuée couvre la montagne ; l'air eft ébranlé par les fons éclatans d'une trompette qui annonce un événement impofant, & le Peuple qui étoit dans le camp eft faifi de terreur.

Jam advenerat tertius dies, & mane inclaruerat : & ecce cœperunt audiri tonitrua, ac micare fulgura, & nubes denfiffima operire montem ; clangorque buccinæ vehementiùs perftrepebat : & timuit populus qui erat in caftris.

Nota. Peinture muſicale de la frayeur du Peuple iſraélite.

Totus autem mons Sinaï fumabat : eo quod deſcendiſſet Dominus ſuper eum in igne, & aſcenderet ſumus ex eo quaſi de fornace: eratque omnis mons terribilis.

Et ſonitus buccinæ paulatim creſcebat in majus & prolixiùs tendebatur: Moyſes loquebatur, & Deus reſpondebat ei.

» Un ſpectacle terrible s'offre aux regards étonnés: tout le mont Sinaï vomiſſoit une épaiſſe fumée, & reſſembloit à une fournaiſe ardente; c'étoit l'effet apparent de la deſcente du Seigneur, entouré d'un nuage de feu.

» Le ſon menaçant de la trompette devenoit toujours plus fort, & rempliſſoit les airs au loin. Moïſe parloit, & le Seigneur lui répondoit ».

Nota. Pendant cette derniere partie de récitatif, les Chrétiens chantent, dans un chœur ſourd & preſqu'effacé, cet endroit d'une Hymne conſacrée au temps de la Pentecôte:

Inter ſulphurei fulgura turbinis,
Flammarumque globos & ſonitum tubæ,
Antiquam veteri, monte Sina ſuper,
Legem das populo, Deus.

« C'eſt au milieu de la foudre retentiſſante, c'eſt au milieu de la flamme, c'eſt au bruit menaçant des trompettes que ton antique loi, grand Dieu, fut donnée ſur le mont Sina ».

Locutus eſt Dominus cunctos ſermones hos :

1. *Ego ſum Dominus Deus tuus qui eduxi te de terra Egypti, de domo ſervitutis.*

Non habebis Deos alienos coram me.

2. *Non aſſumes nomen Domini Dei tui in vanum.*

3. *Memento ut diem Sabbati ſanctifices.*

4. *Honora patrem tuum & matrem tuam ut ſis longævus ſuper terram, quam Dominus Deus dabit tibi.*

5. *Non occides.*

6. *Non mœchaberis.*

7. *Non furtum facies.*

8. *Non loqueris contra proximum tuum falsum testimonium.*

9 & 10. *Non concupisces domum proximi tui, nec desiderabis uxorem ejus, nec omnia quæ illius sunt.*

Priere des Disciples du Rédempteur, assemblés dans le Cénacle.

L'Ouverture, en finissant, se dégradera sur un trait qui devra contraster avec ce qu'on vient d'entendre, pour donner l'idée de ce qui va précéder immédiatement, & annoncer la Descente de l'Esprit saint.

Le jour de la Pentecôte, qui étoit celui où les Juifs célébroient ce grand événement où leur Loi fut dictée par le Très-Haut sur le mont Sinaï, & gravée sur des tables de pierre, les Apôtres & les saintes Femmes étoient rassemblés dans le Cénacle, pour y attendre l'avénement de l'Esprit saint. La Musique, pour faire naître l'idée des sentimens qu'ils éprouvoient alors, devra prendre l'accent, la teinte convenable, le ton enfin le plus religieux qu'il sera possible. On y entendra pour lors le plain-chant de tradition de cette Antienne des Laudes du jour : *Erant Apostoli perseverantes unanimiter in oratione cum mulieribus, & Mariâ matre Jesu, & fratribus ejus.* « Les Apôtres, les saintes Fem-

» mes, & la mere de Jefus, raffemblés dans un
» même lieu, continuoient de prier unanimement »,
Ceci fervira de prélude au premier *Kyrie, eleifon*
que le Muficien met dans la bouche des Difciples
du Rédempteur, qui adreffent leurs vœux à l'Eternel. L'analogie qu'a le fens du *Kyrie* avec les paroles, *Veni, creator Spiritus. . . . . Imple fuperná
gratiá :* « Venez, Efprit créateur, rempliffez nos
» cœurs de votre divine flâme, &c. », a déter-
miné le Compofiteur à en employer le plain-chant
de tradition, & à le faire concourir avec la Mufique
du premier *Kyrie.*

Deux Voix, qui font, dans cet inftant, les Co-
riphées de l'affemblée des Apôtres, chantent le
Chrifte. Le motif de ce duo fera pris du Chant
que l'Eglife a adapté au premier verfet du *Veni,
fancte Spiritus, & emitte cœlitùs lucis tuæ radium,*
« Ecoutez nos vœux ; daignez nous envoyer d'en-
» haut quelques rayons de votre lumiere ».

Le troifieme *Kyrie* fera entendu fous une fugue
dont le deffein fera pris du plain-chant du *Veni,
creator Spiritus,* qu'on aura entendu dans le premier
Kyrie ; de forte que ce Chant fupplicatoire, reve-
nant fans ceffe, exprimera toute l'explofion des
vœux unanimes des Difciples du Rédempteur af-
femblés dans le Cénacle.

Avénement de l'Efprit faint.

Le Muficien, pour donner l'idée de la Loi des

Chrétiens qui va remplacer la Loi de Moïſe, rappellera d'abord le commencement impoſant de l'Ouverture, qu'il entre-coupera tout-à-coup par une Muſique véhémente, qui devra exprimer le ſoufle impétueux qui s'eſt fait entendre au moment de la deſcente de l'Eſprit ſaint. *Factus eſt repentè de cœlo ſonus tanquam advenientis ſpiritûs vehe-mentis :* « Tout-à-coup les airs retentirent d'un » bruit très-véhément, ſemblable à un ouragan ». L'Orcheſtre ayant pris d'abord ce caractere véhé-ment, & fait entendre le plain-chant de cette An-tienne des Laudes : *Sonus replevit totam domum ubi erant ſedentes, &c.,* les inſtrumens ſe ſé-parent enſuite, &, paſſant l'un après l'autre de l'aigu au grave, font entendre un grand nombre de traits ſaillans & rapides, pour donner l'idée du l'*Et apparuerunt diſpertitæ linguæ tanquam ignis.* « L'Eſprit ſaint deſcendit ſur chacun de l'aſſemblée » en forme de langues de feu ».

Actions de graces des Diſciples du Rédempteur.

Tout l'Orcheſtre, parvenu au grave, devra ſe relever majeſtueuſement ſur des ſons ſoutenus, afin de peindre les grands ſentimens par leſquels toute l'aſſemblée ſe ſent l'ame élevée au ton des choſes les plus ſublimes ; &, quand l'Orcheſtre eſt parvenu à ſon plus haut diapaſon, les Diſciples entonnent tous avec explosion le Cantique d'action de graces : *Gloria in excelsis*, pendant laquelle on entend plusieurs Voix chanter sourdement dans le fond du tableau. *O quàm bonus & suavis est, Domine, Spiritus tuus in omnibus.* Sap. 2. On remarquera que ces dernieres paroles ne dialoguent point avec le *Gloria in excelsis*, qui ne doit être nullement interrompu ; mais que seulement elles feront au *Gloria* ce qu'est la toile aux couleurs d'un tableau.

Nota. Dira-t-on que le Musicien, dans ce morceau qui devra peindre le sentiment unique de *la reconnoissance*, fait cependant parler différemment ses personnages ? On répondra que le Peintre fait des choses semblables à celle-ci dans ses imitations. Voyez le fameux tableau de *le Brun*, où il représente Alexandre chez l'épouse de Darius ; n'y apperceyez-vous pas que le sentiment unique des personnages de ce tableau est *l'admiration ?* Cependant ils expriment tous ce sentiment *unique*, chacun par des signes différens.

L'Assemblée continue de chanter.

CHŒUR.

Gloria in excelsis Deo, & in terra pax hominibus bonæ voluntatis. Laudamus te, benedicimus te, adoramus te, glorificamus te.

« Gloire à Dieu, au plus haut des cieux, &, sur la terre, paix aux hommes de bonne volonté. Nous vous louons, grand Dieu, nous vous bénissons, nous vous adorons, nous vous glorifions ».

Nota. Pendant ce chœur, qui n'est que la suite du premier, le Muſicien fait revenir ſouvent le chant que l'Egliſe a adapté depuis long-temps au troiſieme verſet de la Proſe du jour :

In labore requies,
In æſtu temperies,
In fletu ſolatium ;

de ſorte que l'enſemble de ce morceau ſemblera ajouter ce ſens aux paroles du *Gloria in excelſis :* » Eſprit conſolateur, » vous êtes le repos dans les travaux, la fraîcheur dans la » ſaiſon brûlante, la conſolation dans les peines.

AIR.

« Dieu tout-puiſſant, pere éternel, Seigneur Dieu, fils unique, nous vous rendons grace de nous avoir manifeſté votre grande gloire ».

Gratias agimus tibi propter magnam gloriam tuam.

Allegro agitato.

Domine Deus Rex cœleſtis, Deus Pater omnipotens : Domine Fili unigenite, Jeſu Chriſte.

Nota. Le Compoſiteur fera précéder ce morceau, chanté par un Diſciple, du plain-chant que l'Egliſe a adapté depuis long-temps à ces paroles : *O quàm bonus & ſuavis eſt, Domine, Spiritus tuus,* qui auront été miſes, il y a un inſtant, en muſique pour accompagner le *Gloria in excelſis.*

Vœux des Apôtres pour la formation de l'Egliſe.

DUO.

« Dieu tout-puiſſant, agneau de Dieu, qui pardonnez aux erreurs des humains, ayez-en pitié ; écoutez

Domine Deus agnus Dei ; qui tollis peccata mundi, miſerere nobis ; qui tollis peccata, ſuſcipe deprecationem noſtram ;

Allegro.

Qui sedes ad dexteram Patris, miserere nobis.

nos vœux ; vous qui êtes assis à la droite du Pere, exaucez, exaucez notre priere ».

Nota. Le Compositeur, pendant la premiere partie de ce *Duo*, fera entendre dans le fond de la Musique un chœur sourd & supplicatoire, qui devra être composé de maniere qu'il ne serve qu'à faire ressortir & à mettre dans une plus grande évidence les paroles du *Duo*, qui sont celles consacrées pour cet endroit de la Messe. Celles de ce Chœur seront :

O lux beatissima,
Reple cordis intima
Tuorum fidelium.
Flecte quod est rigidum,
Fove quod est frigidum,
Rege quod est devium (1).

de sorte que les vœux des Apôtres auront encore bien plus de chaleur lorsqu'ils seront renforcés par cette priere ardente & religieuse: « O lumiere éternelle! remplis déformais de » ta flamme céleste le cœur de tous ceux qui seront fideles à » ta loi; fléchis ceux qui oseront être contraires à tes vo-» lontés; échauffe par ton feu divin celui qui sera dans les » ténebres de l'erreur; sois enfin le conducteur de celui qui » s'est égaré ».

_____

(1) Mais, dira t on, ces paroles sont étrangeres au Duo, *Domine Deus, agnus Dei*, & ne doivent pas l'interrompre. —— Elles ne l'interrompront point non plus : elles ne dialogueront point avec lui; elles ne feront que l'accompagner sourdement, de maniere à lui être ce qu'est le fond d'un tableau aux figures du premier plan. Ce Chœur, qui seroit étranger au *Domine Deus, agnus Dei* d'une autre Fête, loin de l'être à ce Duo, ne fait qu'en fixer le sens que le Maître de Chapelle lui donne à ce jour,

Publication des Merveilles de Dieu, par les Apôtres, dans Jérufalem.

Le morceau précédent fe dégradera fur une marche gaie, religieufe & marquée en même temps, pendant laquelle les Apôtres font cenfés fortir du Cénacle pour fe rendre dans la place publique de Jé-rufalem, où ils vont publier les merveilles de Dieu.

Nota. Il faut fe rappeller que les Hiftoriens facrés nous apprennent qu'il y avoit dans cette ville des perfonnes de toutes les nations qui, au récit des Apôtres fur les grandeurs de Dieu, ne purent fe défendre de la plus grande furprife. *Stupebant omnes, & mirabantur, dicentes : Nonne ecce omnes ifti qui loquuntur, Galilæi funt ? & quomodo nos audivimus unufquifque linguam noftram in qua nati fumus ?* « Ils » étoient furpris & frappés d'étonnement. Ils fe difoient » entre eux : Mais ces perfonnes que nous entendons ne » font-elles pas de Galilée ? Comment fe fait-il que chacun » d'entre eux parlent la langue de notre pays « ?

Les deux morceaux fuivans s'exécutent enfemble.

QUATUOR.

(Cenfé chanté par les Apôtres dans la place publique
de Jérufalem).

UNE VOIX.

« Vous qui êtes le Sauveur » du monde, vous êtes aufli » le feul Saint. »

Quoniam tu folus Sanctus,

UNE AUTRE VOIX.

» Vous êtes le feul Sei- » gneur. »

Tu folus Dominus,

UNE AUTRE VOIX.

Tu solus Altissimus, « Vous êtes le seul Très-
» Haut, »

UNE AUTRE VOIX.

Tu solus Altissimus, Jesu » Oui, vous êtes le seul
Christe; » Très-Haut, divin Sau-
» veur. »

CHŒUR

(Sourd, admiratif, pres-
qu'effacé dans le tableau,
chanté à part par les étrangers (autrement les Gen-
tils) frappés d'étonne-
ment,)

(1) *Audivimus eos loquen-* « Quoi! . . nous les enten-
tes, nostris linguis, magnalia » dons publier les merveilles
Domini (2)! » du Christ chacun dans no-
» tre langue ! . . . .

Établissement de l'Eglise par les Apôtres.

Suite du quatuor des Apôtres.

(3) *Quoniam tu solus Altissi-* « Vous êtes le seul Très-
mus, Haut, ainsi que le Saint-Esprit,
dans la gloire du Pere. »

Cum Sancto Spiritu in gloria
Dei Patris.

---

(1) J'ai traité ce morceau de la maniere dont j'ai donné les raisons
dans la note ci-dessus.

(2) *De Actibus Apost. c. 2.*

(3) Comme l'air sacré de tradition adapté au troisieme verset de la
Prose du jour, & qu'on aura déja entendu au commencement du
Gloria in excelsis, lors de l'action de graces des Apôtres, convient
très-bien à la suite du *Quatuor*, le Musicien devra s'en servir.

(1) Suite du Chœur des Etran-gers & des Gentils (qui, reconnoiſſant le vrai Dieu à ces merveilles, s'écrient avec tranſport)

« Oui, Dieu Tout-Puiſ-ſant, vous êtes le Souverain des Cieux; nous vous recon-noiſſons pour le véritable Créateur, Seigneur Dieu, Fils unique, Agneau de Dieu, vous qui pardonnez aux er-reurs des foibles humains, ayez pitié de nous, nous vous reconnoiſſons pour le véri-table objet de nos adora-tions. »

Domine Deus, Rex cœleſtis, Deus Pater omnipotens ; Do-mine Fili unigenite, Jeſu Chriſte ; Domine Deus Agnus Dei, qui tollis peccata mundi, miſerere nobis.

Enfin, la multitude & les étrangers, devenus les premiers membres de l'aſſemblée des Fideles, ſe joignent aux Envoyés du Très-Haut pour chanter avec la plus grande exploſion.

» Vous, qui êtes le Sau-veur du monde, vous êtes auſſi le ſeul Saint, le ſeul Sei-gneur, le ſeul Très-Haut, ainſi que le Saint-Eſprit; dans la gloire du Pere. »

Tu ſolus Sanctus, tu ſolus Dominus, tu ſolus Altiſſimus, Jeſu Chriſte, cum Sancto Spi-ritu in gloria Dei Patris.

---

(1) La ſuite du Chœur des Gentils pourra avoir les accens conve-nables, s'il eſt adapté ſous les airs de la Proſe qui ſuivent le précé-dent. Ils ſont très-énergiques.

SECONDE PARTIE.

Profeſſion de foi des Fideles, établie ſur la Deſcente de l'Eſprit ſaint.

L'ORCHESTRE rappelle la Muſique, qui, dans le *Gloria in excelſis*, a été deſtinée à peindre la publication de la nouvelle Loi, réſultante de l'avénement de l'Eſprit ſaint; à quoi l'aſſemblée actuelle des Chrétiens répond par un Chœur très-court & fortement prononcé :

Credo; Credo.

» Je le crois fermement ; je crois tout ce que l'Egliſe nous enſeigne. »

DUO.

Credo in Deum, Patrem omnipotentem, factorem cæli & terræ, viſibilium omnium, & inviſibilium; & in unum Dominum Jeſum Chriſtum, Filium Dei unigenitum, & ex Patre natum ante omnia ſecula.

» Auſſi crois-je en Dieu le Pere Tout-Puiſſant, Créateur du ciel & de la terre, des choſes viſibles & inviſibles. Je crois en Dieu le Fils unique, né du Pere avant tous les ſiécles.

L'orcheſtre reprend le même trait qui a peint la publication de la nouvelle Loi; à quoi le peuple répond :

Credo; Credo.

» Je le crois fermement ; je crois tout ce que l'Egliſe nous enſeigne.

AIR.

» Auſſi crois-je en Dieu de Dieu, lumiere de lumiere, vrai Dieu du vrai Dieu, engendré conſubſtantiel au Pere, par qui tout a été fait; qui eſt deſcendu des cieux pour nous & pour notre ſalut; s'eſt incarné dans le ſein de la Vierge par l'opération du Saint-Eſprit & s'eſt revêtu de notre humanité. »

Credo in Deum de Deo lumen de lumine; Deum verum de Deo vero; genitum non factum, conſubſtantialem Patri, per quem omnia facta ſunt; qui propter nos homines, & propter noſtram ſalutem deſcendit de cœlis. Et incarnatus eſt de Spiritu Sancto ex Maria Virgine, & Homo factus eſt.

Le Muſicien enſuite fait débiter rapidement, dans un Récitatif ſimple les paroles depuis *Crucifixus* juſqu'à *Et in Spiritum.*

Nota. Comme il a toujours été permis aux Maîtres de Chapelle de modifier les paroles ſacrées après qu'elles avoient été entendues dans leur ordre; on a cru devoir arranger, ordonner, de la maniere ſuivante, celles qui ont été débitées rapidement dans le Récitatif où elles n'ont point été peintes. Le Muſicien devra maintenant s'attacher à les exprimer.

CHŒUR.

(Sur la même Muſique qui a peint, au *Gloria in excelſis*, la reconnoiſſance du vrai Dieu, autrement l'établiſſement de l'Egliſe.)

» Je crois à l'Eſprit conſolateur qui eſt deſcendu aujourd'hui des cieux pour notre ſalut. »

Credo in Spiritum vivificantem, qui propter noſtram ſalutem deſcendit de cœlis.

AUTRE CHŒUR LENT.

» Auſſi crois-je en Dieu

Etiam Credo in Deum de

Deo , qui crucifixus pro nobis sub Pontio Pilato passus & sepultus est.

de Dieu qui a été crucifié pour nous sous Ponce-Pilate, qui a souffert & a été enseveli. »

Reprise du Chœur.

Credo in Spiritum vivificantem , qui propter nostram salutem descendit de cœlis.

» Je crois à l'Esprit consolateur qui est descendu aujourd'hui des cieux pour notre salut. »

AIR.

Etiam Credo in Deum de Deo qui resurrexit tertiâ die secundùm scripturas , qui ascendit in cœlum , qui sedet ad dexteram Patris , qui iterum venturus est cum gloria judicare vivos & mortuos ; cujus regni non erit finis.

» Aussi crois-je en Dieu de Dieu , qui est ressuscité d'entre les morts le troisieme jour , selon les saintes Ecritures , qui est monté aux cieux , & qui viendra juger les vivans & les morts. Son règne n'aura point de fin. »

AIR (d'abord seul, ensuite avec le Chœur.)

Et in Spiritum Sanctum Dominum & vivificantem, qui ex Patre Filioque procedit, qui cum Patre & Filio simul adoratur & conglorificatur.

» Je crois au Saint-Esprit qui anime tous les Membres de l'Eglise, qui procéde du Pere & du Fils, qui, ainsi que le Pere & le Fils, est adoré, glorifié. »

CHŒUR à voix basse.

Et unam sanctam Catholicam & Apostolicam Ecclesiam.

» Je crois aussi en l'Eglise Sainte, Catholique & Apostolique. »

Une seule Voix rappelle, sur un son permanent, la prophétie de l'établissement de l'Eglise.

Qui locutus est per Prophetas:

» L'Esprit Saint l'a annoncé
» par la bouche des Pro-
» phètes ».

Les

Les Fideles , tranſportés par la joie que leur cauſe l'accompliſſement de cette prophétie , s'écrient au bruit des timballes & des trompettes :

» Nous croyons en une ſeule Egliſe. Nous reconnoiſ-ſons un ſeul Baptême pour la rémiſſion de nos fautes. Nous attendons la réſurrection des morts ainſi que la vie des ſiecles futurs. »

Credo in unàm Eccleſiam: Confiteor unum baptiſma in remiſſionem peccatorum. Et ex-pecto reſurrectionem mortuorum, & vitam venturi ſeculi.

Repriſe du Chœur.

« Nous croyons enfin au Saint-Eſprit qui eſt deſcendu aujourd'hui des cieux pour notre ſalut. »

Credo in Spiritum vivifi-cantem qui propter noſtram ſa-lutem deſcendit de cælis.

Amen.

Amen.

TROISIEME PARTIE.

Sentimens des Fidèles sur l'avénement de l'Esprit saint.

Pendant le *Sanctus*, &c., l'Orchestre rappelle le prélude du *Gloria in excelsis*, qui a crayonné l'image de la descente de l'Esprit saint; après quoi, au lieu du Cantique *Gloria in excelsis*, les Chrétiens chantent, sous la Musique de ce *Gloria*, les paroles qui suivent:

Pleni sunt cœli & terra gloriâ tuâ.

Prélude de l'Élévation.

UNE VOIX.	UNE AUTRE VOIX.
Dixi : Ecce venio.	*En adest. Adoremus & procidamus . . . .*

Motet pour l'Élévation.

Deus, qui, hodiernâ die, corda fidelium Sancti Spiritûs illustratione docuisti : da nobis, in eodem Spiritu recta sapere. Da, quæsumus, Ecclesiæ tuæ ut Sancto Spiritu congregata, hostili nullatenùs incursione turbetur.	»Toi, qui as appris aux fideles à s'éclairer à la lueur de ton Esprit saint, montre-nous le sentier de ta justice; accorde à ton Eglise que, toujours conduite par cet Esprit, elle n'ait jamais rien à redouter de la part de ses ennemis. »

A l'*Agnus Dei*, les Chrétiens empruntent les accens des Apôtres, lorfqu'ils étoient dans l'attente de l'Efprit faint. La Mufique alors fera analogue à celle des *Kyrie*.

Pour exprimer la priere ardente par laquelle le peuple eft cenfé dire : « Grand Dieu, donne en » ce jour, à celui qui nous conduit, la profon- » deur de ta fageffe ; permets, qu'éclairé du flam- » beau de ton Efprit faint, il n'ait jamais rien à » redouter de la part de fes ennemis » ; le Com- pofiteur a cru devoir emprunter encore les accens des Difciples du Rédempteur, lors de leur ardente priere pour la defcente de l'Efprit faint, en faifant entendre la Mufique du troifieme *Kyrie*, fur les paroles, *Domine, falvum fac Regem.*

On fe rappellera que cette Mufique eft une fugue, dont le deffein eft pris fur le plain-chant du *Veni, creator Spiritus.*

Le Compofiteur a l'intention d'exprimer ici les vœux ardens de l'Eglife de Paris pour un Roi qui laiffe appercevoir fans ceffe qu'il trouve tout fon bonheur dans celui de fon peuple.

ERRATA.

PAGE 3, *ligne* 6, *au lieu de* plan raisonné, *lisez* dessein général.

——— 7, ——— 10, *au lieu de* font plus, *lisez* font plus puissantes.

——— 7, ——— 15, *au lieu de* la renforcer, *lisez* le renforcer.

——— 9, ——— 29, *au lieu de* à cet Auteur, *lisez* à cet Acteur.

——— 11, ——— 29, *au lieu de* cet Auteur qui, *lisez* cet Acteur qui.

——— 12, ——— 4, *au lieu de* figure, qui, *lisez* figure qui.

——— 12, ——— 23, *au lieu de* il coloriera les joues, *lisez* il colorera les joues.

——— 13, ——— 23 & 24, *au lieu de* qu'il a choisi pour, *lisez* qu'il a choisi, pour.

——— 23, ——— 21, *au lieu de* qu'il adoptera, *lisez* adaptera.

——— 41, ——— 28, *au lieu de* chauffât son imitatrice, *lisez* chauffât avec son eau imitatrice.

——— 47, ——— 20 & 21, *au lieu de* plutôt de s'obéir à lui-même, *lisez* plutôt obéir à lui-même.

——— 64, ——— 22, *au lieu de* Chœur à voix basse, *lis.* Chœur à voix basse en même-temps que l'air ci-dessus.

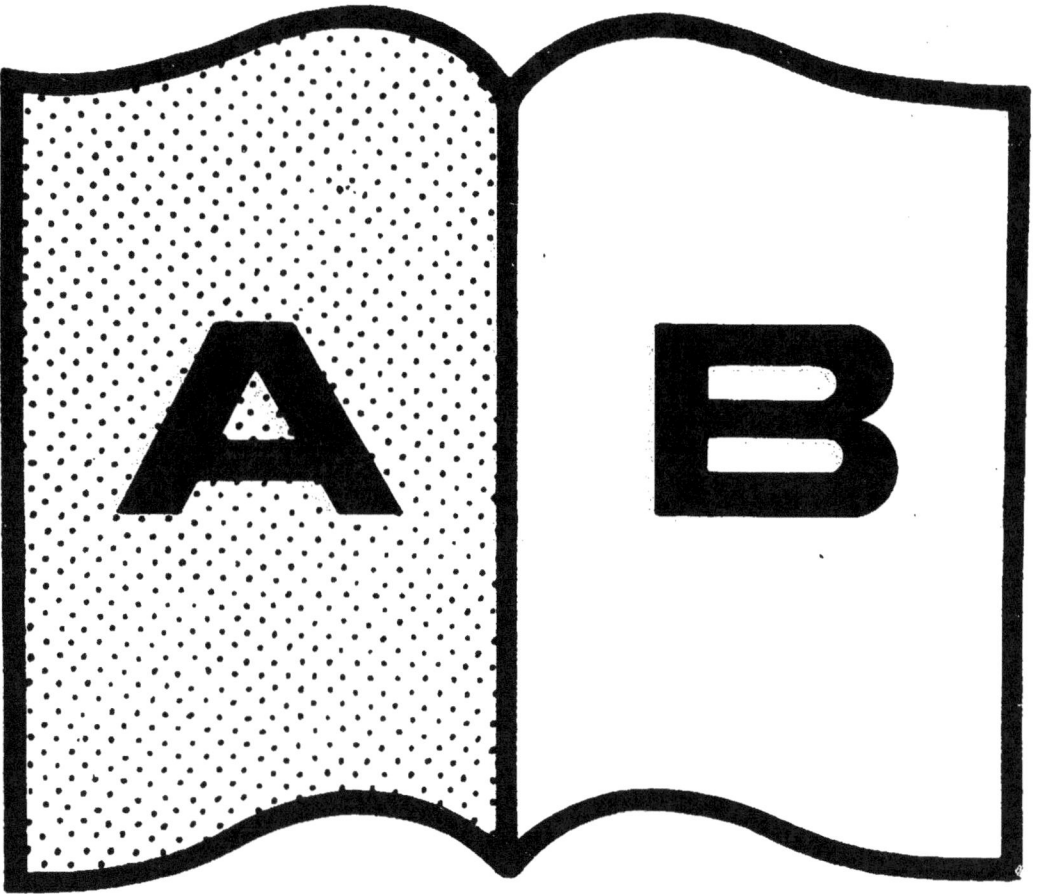

Contraste insuffisant

NF Z 43-120-14

www.ingramcontent.com/pod-product-compliance
Lightning Source LLC
LaVergne TN
LVHW022019080426
835513LV00009B/786